Sascha Storz

Originelle Hochbeete

Bassermann

Inhaltsverzeichnis

Vorwort

Hochbeete sind eigentlich ein alter Hut, denn es gibt sie schon seit Hunderten Jahren. Dass sie sich dennoch in Gärten und Anlagen auch heute noch finden lassen und nicht einfach im Laufe der Zeit verschwunden sind, hat gute Gründe: Zum einen erzielen sie erstaunlich hohe Erträge auf kleiner Grundfläche, so dass der eine oder andere Hobbylandwirt so den eigenen Bedarf an frischen Vitaminen an selbstgezogenem, knackigem Obst oder Gemüse zu stillen vermag.
Zum anderen lassen sich die kleinen Bauwerke mit ein wenig Geschick und Geschmack nicht nur im eigenen Garten verbergen, sondern können als gestaltendes Element zum Mittelpunkt und Blickfang werden.

Der Schwerpunkt dieses Buches liegt darin, Ihnen zu zeigen, wie leicht es ist, ein Hochbeet zu bauen – mit den Standard-Werkzeugen, die in einem normalen Haushalt vorhanden sind (oder die man sich vom Nachbarn leihen kann), und mit einfachen Techniken, zu deren korrekter Ausführung Sie keine Schreinerlehre abgeschlossen haben müssen. Außerdem werden Sie nach der Lektüre alles Notwendige wissen, um Ihr Hochbeet mit Sinn und Verstand zu füllen und zu bepflanzen.

Um es mit einem Satz zu sagen: Sie kriegen das hin!

Was ist das eigentlich, ein „Hochbeet"?

Folgt man dem Wortlaut, kann jedes Beet, das erhöht angelegt wird, als Hochbeet bezeichnet werden, wenn Sie so wollen, darf sich also jeder größere Blumenkübel Hochbeet nennen.
Im engeren Sinne spricht man von Beeten, an denen man im Stehen bequem Gärteln kann (die also eine ordentliche Höhe haben) und die nicht nur mit Erde gefüllt sind, sondern mit Schichten verschiedener Materialien, die kontrolliert verrotten – ähnlich dem Inneren eines Komposters. Bei diesem Vorgang wird nicht nur Wärme freigesetzt, die die Pflanzen schon früh im Jahr zu nutzen wissen, sondern auch Nährstoffe, die wie natürlicher Dünger wirken.

Das Hochbeet hat gegenüber dem normalen, auf Bodenniveau angelegtem Beet nur einen Nachteil: Es anzulegen ist aufwendiger.

Seine Vorteile allerdings wiegen dies bei weitem auf:

- Es bietet eine bequeme Arbeitshöhe. Für so manchen Rücken ist es eine große Erleichterung, sich nicht ständig bücken zu müssen.
- Die Erträge sind besser, die Ernten früher, denn durch Verrottung und die gewählte Lage erwärmt sich das Beet schnell und ist immer ausreichend mit Nährstoffen versorgt.
- Mit einem Hochbeet ist es ohne große, umständliche Erdarbeiten möglich, auf schlechtem, verdichtetem oder zu nassem Boden dennoch anzubauen; so kann der vorhandene Gartenraum ohne Einschränkung optimal genutzt werden.
- Ein Hochbeet „sauber" zu halten, also frei von unerwünschten Wildpflanzen oder ungebetenen Gästen wie Schnecken, ist relativ einfach.
- Im Hochbeet lassen sich die meisten Gartenabfälle (Grünschnitt, Laub, Holzschnitt, Grasschnitt) und auch kompostierbare Küchenabfälle bequem entsorgen, indem man sie der Verrottung preisgibt. Besonders gut geht das, wenn mehrere Hochbeete angelegt sind und man sich den Luxus leisten kann, eines davon im Jahreswechsel offen stehen zu lassen.
- Mit wenigen Handgriffen und einer geeigneten Abdeckung wird aus einem Hochbeet ein echtes Frühbeet.
- Hochbeete eignen sich als gestaltendes Element: Sie können Grundstückseinfriedung sein, mit hohem Bewuchs als Sichtschutz dienen oder dabei helfen, Gartenräume zu schaffen, indem sie Sichtachsen begrenzen und den Blick stoppen.
- Ein Hochbeet kann sehr einfach zu einem „Spezialbeet" werden für Pflanzen, die besondere Vorlieben haben. Denkbar sind sehr feuchte Moorbeete, Beete mit saurem Boden für beispielsweise Blaubeeren oder sogar ein Hochteich, ein „Wasserbeet". Ich bin sicher, Ihnen fallen noch einige mehr ein.

Zum Standort

Hochbeete können auf nahezu jedem Untergrund errichtet werden, solange er wasserdurchlässig ist. Lediglich ein komplett versiegelter Boden (beispielsweise eine Betonfläche) ist ungünstig und verlangt ein wenig mehr Aufwand. Sie müssen dort dafür sorgen, dass das Regen- und Gießwasser ungehindert aus dem Hochbeet abfließen kann (indem Sie das Beet nicht einfach auf die versiegelte Fläche aufsetzen, sondern für Wasserablaufmöglichkeiten unter dem Beetrand hindurch sorgen), und Sie sollten beim Befüllen später mehrfach die einzelnen Schichten mit halbgarem Kompost impfen, da vom Boden her keine Kleinstlebewesen (die für die Kompostierung notwendig sind) ins Hochbeet einwandern können. Auch wenn Sie sich behelfen können: Komplett versiegelter Untergrund ist nicht optimal, wenn Sie können, wählen Sie besser einen anderen Standort.

Wollen Sie Ihr Beet an einem Hang aufstellen, müssen Sie die Standfläche einebnen (oder abgraben), und wenn der Untergrund sehr locker ist, beispielsweise bei einem frisch aufgeschütteten Garten eines Neubaus, sollten Sie ihn entweder verfestigen (mit einem Stampfer aus dem Baumarkt) oder ein kleines Fundament bauen. Wie letzteres ganz unkompliziert geht, zeige ich Ihnen auf Seite 40.

Eine paar wenige wirklich sehr hartnäckige Unkräuter wie Giersch, Quecke oder Ackerwinde verlangen ebenfalls erhöhten Einsatz. Gute Erfahrungen wurden damit gemacht, unter dem Beet und etwa einen halben Meter weiter über alle Beetgrenzen hinaus eine starke Unkrautfolie gegen Wurzelunkräuter einzubringen. Eine solche ist wasserdurchlässig, verhindert aber ein nach oben Wandern der Unkrautwurzeln. Es ist in solchen Fällen aber auch sinnvoll und in keiner Weise ehrenrührig, einen Fachmann um Rat zu fragen – einige der Unkräuter sind eine wahre Plage.

Auf der Suche nach dem rechten Standort ist zuerst einmal entscheidend, welchem Zweck das Hochbeet später dienen und was in ihm wachsen soll. So unterscheiden sich die Anforderungen für ein Funkienbeet (Schatten bis Halbschatten) massiv von denen eines Gemüsebeets (je mehr Sonne, desto besser).

Für Hochbeete, die der **Gartengestaltung** dienen, wählen Sie denjenigen Standort aus, an dem das Hochbeet seinen Zweck am besten erfüllt (und passen die Bepflanzung später an).

Gemüsehochbeete platzieren Sie mit der langen Seite von Süden nach Norden an einem möglichst sonnigen und windgeschützten Standort. Denken Sie daran, dass Sie bei größeren Beeten drumherum genügend Raum einplanen, um eine Schubkarre zu bewegen – Sie werden sie dann und wann brauchen.

Beete für wärmeliebende Pflanzen sind am besten aufgehoben an geschützten Südmauern oder -wänden.

Frühbeete sollten mit der längeren Seite nach Süden gewandt sein und möglichst viel von der im Frühling noch tiefstehenden Sonne abbekommen.

Hochbeete für Zierpflanzen können Sie nahezu überall verwirklichen, achten Sie später beim Bepflanzen einfach darauf, dass die Blumen zum Standort passen.

Die Planung

Der erste Schritt führt Sie nun nach draußen in Ihren Garten, vorzugsweise an einem Sonnentag mit einer Tasse Kaffee in der Hand. Bewaffnen Sie sich außerdem mit Metermaß, ein wenig Papier und einem Bleistift. Sowie der grundlegenden Idee, welchem Zweck Ihr Hochbeet dienen soll – Gemüseanbau, Raumtrenner oder Frühbeet?

Wenn Sie den perfekten Platz gefunden haben, markieren Sie die Ecken des späteren Hochbeetes mit größeren Steinen und legen Sie den Seitenverlauf mit dem Gartenschlauch nach. Wer möchte, kann auch normales Haushaltsmehl benutzen und streut die Grenzen einfach auf. Dann messen Sie die Maße ab.

Hochbeete wirken eleganter, wenn sie nicht zu groß sind. Bei einem einseitig zugänglichen Beet sollten Sie bei der Gartenarbeit bequem von der einen Seite zur anderen fassen können, bei einem zweiseitig zugänglichen immerhin noch bis zur Beetmitte. Erstere bauen Sie maximal 80 cm breit, für letztere empfiehlt sich nicht mehr als 140 cm Beetbreite.

Auch bei der Länge machen Sie besser Abstriche. Zwei hintereinander stehende Hochbeete mittlerer Größe mit einem kleinen Durchgang dazwischen wirken meist besser als ein sehr langer Hochbeet-Schlauch.

Wer ein optisch besonders ansprechendes Verhältnis erreichen möchte, wählt bei den zweiseitig zugänglichen etwa ein Verhältnis von 2 zu 3. Bei einer Breite von 120 cm entspricht dies einer Länge von 180 cm. Aber letztlich sind diese Angaben kein Muss, sondern Anhaltspunkte, denen Sie folgen können, wenn Ihr Gelände oder der Zweck des Beetes Ihnen nichts anderes vorgibt.

Korrigieren Sie also gegebenenfalls die Lage von Steinen und Gartenschlauch, messen Sie ein weiteres Mal und halten die endgültigen Maße fest.

Sie haben nun Länge und Breite des Beetes, es fehlt die Höhe. Um bequem am Hochbeet gärteln zu können, sollten Sie die Höhe zuerst von der Arbeitsweise abhängig machen – wollen Sie sitzen oder stehen? Dann ist Ihre Körpergröße entscheidend – es ist ein großer Unterschied, ob Sie ein Zwei-Meter-Riese sind oder ein zartes Persönchen.

Üblicherweise werden Höhen von 50 – 60 cm bei daneben sitzender Bearbeitung und Höhen von 70 – 100 cm für stehende Bearbeitung als angenehm empfunden.

Wenn Sie es genauer wissen wollen, machen Sie den Selbsttest: Stellen Sie sich (gekleidet in Ihre üblichen Gartenstiefel) an die Küchenarbeitsplatte und greifen sie einmal ganz darüber hinweg (bei den üblichen Platten von 60 cm Tiefe). Ist das angenehm oder zu tief? Im Zweifel legen sie an beide Kanten einige Bücher oder Zeitschriften aufeinander, greifen über den ersten Stapel hinweg und nehmen eine Handvoll Bücher vom hinteren Stapel auf, bis Sie die für Sie perfekte Arbeitshöhe gefunden haben. Einmal vom Boden gemessen bis zum obersten Buch, erhalten Sie Ihre persönliche, optimale Hochbeethöhe.

Anmerkung:

Zwar sind bei Hochbeeten grundsätzlich alle Formen denkbar, die rechteckige Bauweise ist jedoch die einfachste.

Die Materialien

Die nächste Frage ist die nach dem Material, aus dem das Hochbeet gefertigt werden soll. Die Auswahl ist vielfältig: Holz in allen Varianten, Natur- oder Backsteine, Beton, Kunststoff oder gar Metall kommen in Frage. Gehen wir also ein wenig ins Detail ...

Holz

Holz ist sicher das vielfältigste Material und für den Laien auch gut zu bearbeiten. Es kann in nahezu allen Varianten verwendet werden – als Brett, als Balken, als Rundholz oder halber Stamm. In diesem Buch nutzen wir rechteckig gesägte Bretter und Balken – sie sind leichter zu verarbeiten als die natürlich gewachsenen.
Die Auswahl bei den Holzsorten ist noch größer. Wir beschränken uns hier auf die üblichen Verdächtigen und lassen die sehr teuren oder zu exotischen beiseite:
Nadelholzbretter, unbehandelt (meist Fichte): Im Baumarkt mit die billigsten Hölzer. Allerdings sind sie entsprechend anfällig für Verwitterung, Pilzbefall und Insektenfraß. Vor vier Jahren baute ich zwei Hochbeete mit solchen Hölzern. Die Beete stehen noch, sind aber schon deutlich gezeichnet. Ich würde dieses Holz nicht wieder verwenden und kann es auch Ihnen nicht empfehlen.
Douglasie: Eine witterungsbeständige Holzsorte, die sich für die meisten Konstruktionen eignet. Erdkontakt sollte vermieden werden, dann steht langjähriger Freude am Hochbeet nichts im Weg. Gutes Preis-Leistungs-Verhältnis. Die Beete auf den Seiten 36 und 50 sind aus Douglasie gebaut bzw. damit verkleidet.
Lärche: Noch etwas besser als Douglasie, dafür aber auch teurer und schwerer.
Robinie: Verträgt Erdkontakt, ist aber auch das teuerste und wegen seiner Dichte schwerste hier vorgestellte Holz. Schwer zu verarbeiten.
Behandelte Hölzer jeglicher Art (zum Beispiel kesseldruckimprägnierte): Zur Imprägnierung werden die Hölzer in ein chemisches Bad oder einen Druckkessel versenkt, die Chemie zieht ins Holz ein und macht es resistenter gegen Verwitterung, Insektenfraß und Pilzbefall. Da wir keinen direkten Kontakt von Holz und Befüllung haben und somit keine Chemie ins Erdreich und in die Pflanzen kommt, können Sie derartige Hölzer durchaus verwenden. Vor allem, wenn Sie recyceln wie bei den Projekten auf den Seiten 28 und 60. Vom Neukauf solcher Hölzer würde ich wegen des Umweltgedankens abraten.

Anmerkung:

Der Holzmantel des Beetes und die darin aufgeschüttete Erde haben keinen Kontakt miteinander. Eine Noppenfolie verhindert dies und begünstigt obendrein die Abtrocknung des Holzes nach schlechtem Wetter.

Stein

Erhältlich als Quader, Bruchstein oder in Platten in tausenden Sorten.
Quader lassen sich einfach zur Trockenmauer aufschichten, brauchen allerdings fast immer ein Fundament. Bruchsteine ergeben wundervoll rustikale Beete, die an gewachsenen Fels erinnern, auch wenn sie gemauert werden müssen – auf Seite 78 sehen Sie, wie das geht. Platten eignen sich nicht zur Konstruktion, sie können aber als schmückendes Element beispielsweise Betonbeete verkleiden.
Steinbeete wirken immer sehr schmückend und es sind alle Formen möglich. Ihre Nachteile liegen im Preis und darin, dass Steine nun einmal schwer sind.

Beton

Beton ist ein sehr vielseitiger Baustoff – auch für Hochbeete. Es gibt eine unüberschaubare Anzahl von Beton-Formteilen, die Sie zu nahezu jeder Form zusammenfügen können. Zudem lässt er sich verzieren, bemalen, bekleben. Der Fantasie sind kaum Grenzen gesetzt, wie Sie am Projekt auf Seite 68 sehen können.
Nachteilig wirkt sich das hohe Gewicht aus, das immer ein Fundament notwendig macht, und es kann mitunter schwierig sein, verschiedene Formteile ohne Spalten zu verbinden.

Kunststoff

Die am schnellsten aufgestellten Hochbeete sind aus Kunststoff. Sie benötigen lediglich eine Regenwassertonne, sägen ein Stück des Bodens heraus und fertig ist das Meisterwerk. Auf Seite 50 sehen Sie, wie man es macht, und wie es noch dazu gut aussieht.

Metall

Aus Metall kann man im Garten die tollsten Kunstwerke erschaffen. Leider erfordert die Ver- und Bearbeitung Fachwissen und Werkzeuge, die man im normalen Haushalt nicht mehr findet. Daher gibt es auch in diesem Buch keine Hochbeete aus Metall zu sehen.

Bausätze

Natürlich können Sie auch losziehen und im nächsten Baumarkt einen Hochbeet-Bausatz kaufen. Diese gibt es in jeder Qualität und in jeder Preisklasse, und man kann eigentlich nicht viel dagegen sagen. Außer vielleicht, dass Sie selten eines für Ihre genauen Maße finden werden. Und Sie halten ja gerade ein Do-It-Yourself-Buch in den Händen und wollen sich doch nicht um den Spaß des Selbst-Bauens bringen lassen, oder?

Bretteinkauf

Die meisten von Ihnen werden sich wohl zuerst an einem der Holzbeete versuchen. Doch vor dem Bau steht der Einkauf. Da die freundlichen Herren an der Säge im Baumarkt Ihnen (fast) alle Maße sägen werden, sollten Sie genau wissen, wieviel Holz Sie benötigen. Dann sparen Sie daheim viel Arbeit.
Sie haben ja bereits alle Fertig-Maße, nun muss umgerechnet werden. Leider kommen Sie nicht um ein bisschen Mathematik herum. Und wenn es Ihnen dabei so geht wie mir, dann ist das ein längerer Prozess. Abgesehen von meinen Defiziten beim Kopfrechnen weiß ich auch nie, welche Größe die Bretter im Baumarkt haben. Gibt es vielleicht ein Sonderangebot oder einen Restposten? Daher nehme mir viel, viel Zeit für meinen Einkauf, gehe immer alleine los (damit mich niemand antreibt) und habe neben den Maßen und meinem Einkaufszettel auch Block und Stift dabei.

Wir beginnen für die Auswahl der Bretter mit der Beethöhe. Leider werden Sie beim Aufeinanderstapeln der Bretter aber nur ganz selten Ihre Wunschhöhe herausbekommen.

Beethöhe:
[Gemessene optimale Höhe des Beetes] / [Brett-Höhe] sollte eine möglichst glatte Zahl ergeben. Eine 4,05 wäre gut, eine 4,75 noch vertretbar, bei einem Ergebnis von 3,5 sollten Sie aber eine andere Brett-Höhe auswählen. Gerundet zur nächsten ganzen Zahl, ergibt sich damit die Menge der Lagen, die Sie einkalkulieren müssen.

Weiter geht es mit den ***Brettlängen:***
Bei der in diesem Buch verwendeten Bauweise von rechteckigen Beeten haben wir immer zwei Brettlängen, eine für die lange und eine für die kurze Seite.

Brett (lang) = [Maß der langen Beet-Seite] – Brettstärke
Brett (kurz) = [Maß der kurzen Beet-Seite] – Brettstärke

Für eine Lage brauche ich 2 kurze und 2 lange Bretter.

Bauen Sie jedoch mit Steinen, ist der Einkauf einfacher. Dann gehen Sie mit ihren Maßen zum freundlichen Steinhändler und er wird Ihnen gerne genau sagen, wie viele Quader er Ihnen anliefern wird.

Ein Beispiel:
Unser Beet soll die fertigen Maße 1,20m auf 1,80m haben, und 82 cm hoch sein.
Wir finden günstige Douglasienbretter, die 12 cm hoch und 4 cm stark sind.
Beethöhen-Check: 82/12=6,83, das ist noch im Rahmen, wir brauchen also 7 Lagen (aufgerundet), unser Beet wird aber etwas höher als gewünscht, nämlich 7*12=84 cm.

Die Bretter sind 4 cm stark, also sind die Brett-Maße:
Brett (lang)= 180 cm – 4 cm = 176 cm.
Brett (kurz)=120 cm – 4 cm = 116 cm.

Bei 7 Lagen (je Lage 2 kurze und 2 lange Bretter) brauche ich also
14 Bretter mit 176 cm Länge und
14 Bretter mit 116 cm Länge.
Alles klar?

Schicht für Schicht

Wir machen einen kleinen Sprung, gehen einfach einmal davon aus, dass das Hochbeet nun fertig ist und in aller Pracht vor Ihnen am vorbestimmten Platz wartet.

Was noch fehlt, ist die Füllung, das Substrat für Ihre Pflanzen, denn bisher ist Ihr Beet ja nur ein mehr oder weniger großer, leerer Kasten. Doch vor der Antwort auf: „Was kommt also hinein?“ muss erst einmal gefragt werden: „Was soll denn darauf?“. Denn die Füllung des Beetes mit Substrat hängt mal wieder von der Bepflanzung ab.

Grundsätzlich wird ein Hochbeet in Schichten gefüllt. Man fängt mit recht grobem Material in der untersten Schicht an und arbeitet sich nach oben, wird dabei immer feiner, bis schließlich die oberste Deckschicht aus dem Substrat eingebracht wird, in der später Ihre Gewächse wachsen.
Dementsprechend muss diese Schicht besonders an die Ansprüche der Pflanzen angepasst sein. So brauchen beispielsweise die Blumen für ein Sommerwiesen-Beet einen mageren Boden (also einen solchen mit wenigen Nährstoffen), dann blühen sie am schönsten. Mutterboden mit Sand vermischt, ist hier schon völlig ausreichend. Eine Schichtenbildung wie weiter unten erklärt für hohen Ertrag bei Gemüse wäre zu viel des Guten – jedenfalls ab dem zweiten oder dritten Jahr. Eine Drainageschicht aus Bauschutt oder Aushub unter dem Substrat ist hier völlig ausreichend.
Blaubeeren wiederum lieben es säuerlich, eine gute Beimischung von Rhododendron-Erde oder spezieller Dünger sorgen für viele wohlschmeckende Früchte. Hier würde die oberste Schicht dicker ausfallen (30 cm und mehr), während die unteren groben Schichten wie beim Gemüsebeet sein dürften. Achten Sie einfach schon beim Befüllen auf die Ansprüche der späteren Bewohner.

Doch die große Stärke des Hochbeetes liegt ja gerade in der Verrottung und den dadurch entstehenden Abfallprodukten: Wärme und Nährstoffe. Deshalb nutzen die meisten Hobbygärtner diese Vorteile auch für Gemüsebeete. Dementsprechend gehe ich im Folgenden auf die Schichten- und Substratmischung für ertragreiche Gemüsehochbeete besonders ein. Wenn Sie so wollen, ist dies dann auch die Standard-Füllung für ein traditionelles Hochbeet.

Tipp:

Wenn Sie Ihr Hochbeet im Herbst bauen, aber erst im Frühling bepflanzen, wird es schon ein wenig zusammengefallen sein. Dann einfach mit dem Pflanzsubstrat für die oberste Schicht wieder bis zum Rand auffüllen.

Oberste Schicht	Die oberste Schicht ist immer aus guter Pflanzerde oder sehr reifem Kompost (am besten gesiebt) oder einer Mischung dieser beiden Materialien. Sie darf nicht zu dünn ausfallen, sonst bleibt den Pflanzen später nicht genügend Platz für kräftige Wurzeln.	Beethöhe 50 cm: 15 cm Schicht Beethöhe 75 cm: 15 cm Schicht Beethöhe 100 cm: 15 cm Schicht
Obere feine Schicht	Am besten für diese Schicht ist feiner, unkrautfreier Kompost, den Sie in öffentlichen Kompostanlagen billig und in großen Mengen bekommen. Halbreifer Kompost, Laubgehäckseltes, Grasschnitt, Stroh, kompostierbare Tierstreu und ähnliche feine Materialien sind aber auch in Ordnung. Ein wenig Gesteinsmehl und Hornspäne für eine noch gehaltvollere Schicht.	Beethöhe 50 cm: 10 cm Schicht Beethöhe 75 cm: 10 cm Schicht Beethöhe 100 cm: 15 cm Schicht
Mittlere Schicht	Laub, Grasschnitt, kleine Zweige. Kompostierbare Küchenabfälle. Auch: gejätetes Unkraut, Grassoden und Muttererde, sofern sicher frei von Wurzelunkräutern. Wenn die Nachbarn es aushalten, kann diese Schicht auch aus Pferdemist bestehen, diese aber unbedingt gut feststampfen. Besonders Frühbeete profitieren von der hohen Wärmeabgabe beim Verrotten des „Mistbeetes".	Beethöhe 50 cm: 10 cm Schicht Beethöhe 75 cm: 25 cm Schicht Beethöhe 100 cm: 40 cm Schicht
Unterste, grobe Schicht	Grobe Äste, Holzhäcksel, Reisig. Hier und da eine Schaufel halbgarer Kompost zum animpfen. Diese Schicht hat durch ihre Grobheit einige Hohlräume. Diese wirken wie eine Drainage gegen Staunässe und bieten den Bodenbewohnern genügend Sauerstoff für ihre anspruchsvolle Zersetzungsarbeit. Zu groß sollten die Hohlräume allerdings nicht sein, daher komprimieren Sie das Ganze, indem sie ein wenig auf dieser Schicht herumlaufen.	Beethöhe 50 cm: 15 cm Schicht Beethöhe 75 cm: 25 cm Schicht Beethöhe 100 cm: 30 cm Schicht
Drainage-Schicht	An den mit Noppenfolie verkleideten Holzwänden 7 – 8 cm hoch wie breit Steine anschütten. Die Drainageschicht dient hier dem konstruktiven Holzschutz, denn dort, wo in Bodennähe die Noppenfolie endet und das Holz beginnt, ist die anfälligste Stelle für Vermoderung. Bei nicht verrottender Beeteinfassung wie Stein braucht es keine Drainageschicht.	Beethöhe 50 cm: 7 – 8 cm Schicht, nur am Rand Beethöhe 75 cm: 7 – 8 cm Schicht, nur am Rand Beethöhe 100 cm: 7 – 8 cm Schicht, nur am Rand

Die Projekte

Ein selbstgebautes Hochbeet ist immer einzigartig, immer originell. Die Projekte, die ich Ihnen auf den folgenden Seiten vorstelle, sind einfach zu bauen und halten lange. An Werkzeugen brauchen Sie nur das, was man in einem normalen Haushalt findet oder was Sie sich ganz sicher von Ihren Nachbarn zusammenleihen können.

Nehmen Sie sich Zeit, messen sie lieber einmal zu oft als einmal zu wenig nach, und benutzen Sie für alles, was waagerecht oder senkrecht sein soll, auch immer wieder Ihre Wasserwaage. Arbeiten Sie so genau Sie es hinbekommen, dann wird auch das fertige Beet ordentlich ausschauen.
Und wenn Sie keine Lust mehr haben, lassen Sie die Fünfe auch einmal grade sein. Dann wird das Beet eben ein bisschen krumm. Wenn es Sie nicht stört, wer soll dann meckern?

Viel Spaß beim Bauen und viel Erfolg.

Frühbeet

Wir beginnen die Projekte mit dem einfachsten: Ein simpler Kasten, gebaut aus selbst tragenden Balken.
Das Beet ist aus kesseldruckimprägniertem Holz, das aus dem Abriss eines Carports in der Nachbarschaft stammt, welches ich mir unter den Nagel reißen konnte. Vom Substrat wird es mittels einer Noppenfolie fern gehalten.
Oben aufgesetzt wird eine leichte Schräge, auf die ein Frühbeet-Dach passt, das wir ebenfalls bauen.

Dies ist diejenige Variante eines Hochbeetes, die am leichtesten fertigzustellen ist, bei der wirklich nichts schief gehen kann. Das einzige, worauf Sie bei dieser Variante achten müssen, ist, dass die Balken stark genug sind. Etwa 4 cm sind ausreichend für ein Hochbeet dieser Größe.
Diese Art von Hochbeet – auch ohne das Dach – ist perfekt geeignet für den Gemüseanbau in Nutzecken Ihres Gartens.

Material:

- Balken lang
- Balken kurz (ungerade Anzahl)
- Hasendraht
- Dachpappen-Nägel
- Balken (ganze Länge)
- Packung Schrauben klein
- Packung Schrauben groß
- Noppenfolie zum Auskleiden

Deckel:
- 3 Dachlatten, gehobelt
- 4 Flachwinkel + Schrauben
- Stegplatte für Gewächshäuser (klar)
- Spezialschrauben für Stegplatte

Werkzeug:

- Säge (Kreis- oder Kappsäge)
- Bohrmaschine mit verschiedenen Holzbohrern
- Akku-Schrauber
- Hammer
- Zange zum Abknipsen des Hasendrahts
- Gute Schere oder Stichsäge mit Plastik-Sägeblatt

1. Der Platz ist gewählt und vermessen, die Beet-Maße sind bekannt, die Balken auf die rechten Längen gesägt und bereitgelegt. Alle Werkzeuge und anderen Materialien liegen ebenfalls bereit.

2. Die Balken werden wie im Bild nebenan ausgelegt. Wenn Sie es richtig gemacht haben, trifft nun jeder Balken einmal mit seiner Querseite an die Längsseite seines Nachbar-Balken. Falsch wäre es, wenn ein Balken mit seinen beiden gleichen Seiten an seine Nachbarn stoßen würde. Klingt aber komplizierter, als es ist.

3. Die erste Lage wird miteinander verschraubt, jeweils 2 kurze Schrauben pro Kontaktstelle.
Der Hasendraht gegen Wühlmäuse wird aufgenagelt, entweder mit Dachpappennägeln oder Metallklammern. Tragen Sie hierzu unbedingt Handschuhe, die abgeknippsten Metallenden sind scharf.

4. So sollte das Beet nach dem Aufschrauben der zweiten und dritten Lage aussehen. Zum besseren Verständnis sind die Schrauben im Bild noch einmal aufgelegt, so dass Sie sehen können, wo mit welchen Schrauben gearbeitet wurde. An den Ecken erkennen Sie, dass die Lagen jeweils versetzt aufeinander verschraubt wurden. Arbeiten Sie sich bis zur letzten Lage vor.

5. Der überzählige kurze Balken wird diagonal von Eck zu Eck gerade durchsägt. Wahrscheinlich habe Sie aber dennoch wie ich hier im Bild zwei nicht ganz gleiche Dreiecke als Ergebnis. Stellen Sie sie auf eine gerade Unterlage, so dass sie in der Steigung gleichauf liegen, markieren Sie (auf beiden Seiten) den Überstand und sägen ihn einfach ab.

6. Montieren Sie zuerst den längsten Ihrer Balken und verbinden ihn mit den beiden Schrägen wie im Bild. Rollen Sie die Noppenfolie aus und befestigen Sie diese mit den Dachpappen-Nägeln. Seien Sie in den Ecken vorsichtig, da ist es etwas schwieriger. Zu zweit ist das Noppenfolien-Nageln einfacher. Vor dem Befüllen lassen Sie die Noppenfolie ein paar Nächte ausdünsten.

7. Wir kommen zur Frühbeet-Abdeckung. Dazu nehmen Sie die Innenmaße Ihres Beetes, ziehen davon 3 cm ab und bauen einen rechtwinkligen Rahmen aus den entsprechend zugeschnittenen Dachlatten und den Flachwinkeln.

Beispiel: Die Innenmaße Ihres Beetes wären 142 cm x 72 cm. Dann sollte Ihr Rahmen 139 cm x 69 cm groß sein.

8. Probieren Sie aus, ob der Rahmen noch in das Hochbeet passt (das könnte eigentlich nur schief gehen, wenn Beet oder Rahmen zu schief gebaut ist – dann korrigieren Sie jetzt am Rahmen nach).

Der fertige und passende Rahmen wird dann mit zwei Querverbindungen in den Ecken versteift.

9. Zum Befestigen der durchsichtigen Stegplatte benötigen Sie derartige Spezialschrauben. Sie haben einen Dichtungsring aus Gummi, der das Schraubloch gegen Feuchtigkeit abdichtet und ein Eindringen von Wasser in die Stegplatte verhindert.

10. Die Stegplatte wird mit der Stichsäge auf die Außenmaße des Beetes zurechtgesägt. Messen Sie dazu neu auf der Schräge aus. Dann wird die Stegplatte auf den Rahmen aufgeschraubt – mit gleichem Überstand nach allen Seiten. Seien Sie beim Aufschrauben vorsichtig, die Schraube soll die Stegplatte nur leicht wellen, auf keinen Fall aber beschädigen (was bei etwas zu viel Kraft beim Schrauben vorkommen kann).

11. Das fertige Frühbeetdach sollte nun einfach aufgelegt werden können.
Gegen Stürme sichern Sie es am besten mit kleinen Steinplatten an den Ecken.

12. Gefüllt, bepflanzt und mit ein paar hängenden Blumen verziert. Fertig ist das Frühbeet.

Tomatenhochbeet

Das Tomatenhochbeet mit schützendem Dach ist schon eine etwas anspruchsvollere Angelegenheit. Dennoch ist die Bauart des unteren Teils (quasi ohne das Dach) die zweite Grundkonstruktion für Holzbeete.

Meine Tomaten waren in der Vergangenheit immer wieder Opfer der Braunfäule, für die Tomaten anfällig sind, wenn sie von oben nass werden. Also wurde es Zeit für Regenschutz.

Tomaten können sehr groß werden, je weiter sich ihr Dach gen Himmel streckt, desto besser. Dementsprechend ist das Beet selbst auch nur 50 cm hoch. Da der Aufwand schon recht groß ist und das Beet einige Jahre überdauern soll, hab ich bei allen Hölzern zu Douglasie gegriffen. Diese Sorte kommt mit Nässe gut zurecht, lediglich Erdkontakt sollte man vermeiden.

Material:

- 4 Betonhohlsteine
- 4 kleine Betonplatten
- 1 – 2 Sack Zementmörtel
- Wandkies fürs Fundament
- Douglasienbretter lang
- Douglasienbretter kurz
- 4 Vierkantsäulen Douglasie
- Dachbalken und Querbalken Douglasie
- Packung Schrauben klein
- doppelseitiges Klebeband
- kleiner Rest Teichfolie
- Dachpappen-Nägel
- Hasendraht
- Stegplatte für Gewächshäuser
- Spezialschrauben für Stegplatten
- lange Schrauben
- Winkel, Schrauben und Dübel
- Noppenfolie
- 2 Gewindestangen und Muttern

Werkzeug:

- Wasserwaage kurz
- Wasserwaage lang (2m) oder Alulatte
- Säge (Kreis- oder Kappsäge)
- Schraubzwingen
- Akku-Schrauber
- Bohrmaschine mit verschiedenen Holzbohrern und Betonbohrer
- Gute Schere oder Stichsäge mit Plastik-Sägeblatt
- Hammer
- Zange zum Abknipsen des Hasendrahts
- kleine Metallsäge

1. Platzauswahl. Hier wurde ein freies Stückchen im Nutzeck des Gartens gewählt, direkt an der Grenze zum Nachbargrundstück. Das Hochbeet wird also nur von einer Seite begehbar sein.

2. Die Untergrundprobe: Aus Brusthöhe wird ein Stein fallen gelassen. Er hinterlässt einen deutlichen Abdruck, somit muss entweder verdichtet, oder gleich ein Fundament gebaut werden. Ich entschied mich für letzteres, da das Dach das Tomatenhochbeet windanfällig macht, und ich auf Nummer sicher gehen wollte.

3. Das hier braucht man, um ein kleines, einfaches Punktfundament herzustellen: Einen Betonstein (innen hohl), eine Betonplatte, ein wenig fertig angemischten Zement und ein wenig Wandkies.
Das Ganze vier mal für die vier Eckpunkte des Beets, außerdem eine Wasserwaage und eine Richtlatte.

4. An den Ecken des späteren Hochbeetes jeweils ein Loch für den Betonstein graben, ein wenig Wandkies einfüllen und jeweils einen Stein darauf setzen. Den Fertigzement recht trocken anmischen, er soll noch formbar sein (wie im Bild) und nicht verlaufen. Den Zement in den Stein füllen, so dass er oben ein gutes Stück herausschaut.

5. Die Steine sollten einigermaßen gleich hoch sein (überprüfen Sie das mit Richtlatte und Wasserwaage), die Feinabstimmung kommt später.
Auf jeden der Steine auf den Zementberg die Betonplatte aufsetzen, nur leicht andrücken.

6. So sollte das aussehen.

Lassen Sie sich übrigens nicht irritieren von der hellen Betonleiste links. Dabei handelt es sich um eine kleine Gartenmauer zur Abstützung, die mit dem Fundament nichts zu tun hat.

7. Feinabstimmung: Mit der Wasserwaage werden die Betonplatten nun ins Lot gebracht. Beginnen Sie mit der tiefsten Platte, und richten Sie alle anderen daran aus. Durch den noch nassen, weichen Beton müssen Sie zum Ausrichten nur ein wenig auf die Platte drücken. Wenn alles stimmt, am besten 2 bis 3 Nächte trocknen lassen.

8. Ihr Holz haben Sie ja bereits bereitgelegt. Nun wird es auf die richtigen Maße gesägt. Oder hat man das schon für Sie erledigt? Dann überspringen Sie diesen Punkt.
Wenn Sie sich unsicher sind, sägen Sie zuerst nur eine Lage und legen diese auf dem fertigen Fundament aus, um sich selbst zu kontrollieren.

9. Die erste Lage legen Sie auf einem möglichst geraden Boden (z. B. einer Terrasse) so aus, wie später geschraubt wird, achten Sie auf den versetzten Aufbau (siehe Bild).

10. Mit Schraubzwingen zwingen Sie den ersten aufrechten Balken ein. Achten Sie darauf, dass er senkrecht steht und kontrollieren Sie das immer wieder mit der Wasserwaage. Je genauer Sie bei den senkrechten Balken arbeiten, desto gerader wird Ihr gesamtes Beet.

11. Verschrauben Sie den Balken leicht versetzt mit nur einer Schraube, und ziehen Sie diese NICHT VOLLKOMMEN fest an. Verfahren Sie mit den anderen 3 senkrechten Balken ebenso. Entfernen Sie dann die Schraubzwingen. Am Schluss sollten alle vier Balken in einer nur leicht wackligen Konstruktion in den Himmel ragen.
Zu zweit geht dieser Schritt sehr viel einfacher.

12. Auf Bauch bis Brusthöhe des kurzen Beet-Stückes ein Querverbinderbrett waagerecht einspannen (nicht anschrauben, es dient nur der vorläufigen Stabilität). Den Abstand zum Boden messen. Auf der anderen kurzen Seite auf genau der gleichen Höhe ebenfalls ein solches Brett einspannen.

13. Ein langes Querbrett auf die kurzen Bretter auflegen und einspannen. Mit der Wasserwaage überprüfen, es sollte genau waagerecht liegen.

14. Die erste Bretterreihe nun fest verschrauben, mit zwei Schrauben an jeder Brett-zu-Balken-Verbindung. Eine zweite Reihe versetzt aufsetzen und verschrauben. Wichtig: Sie sollten nicht zu viel Gewicht verbauen, das Beet muss noch transportiert werden, also hören Sie nach der zweiten oder spätestens nach der dritten Lage auf.

15. Das Beet kippen und leicht schräg abstützen. Doppelklebeband an der Kontaktstelle Balken zu Boden aufkleben, ein passendes Stück Teichfolie aufkleben. Das dient als Kapillarsperre und beugt Nässe und Verrottung vor.

16. Draht gegen Nagerbefall unten auf das Holz nageln. Wichtig: Handschuhe tragen, diese Drähte haben nach dem Abzwicken höllisch scharfe Enden.

Dann geht es los mit dem Dach.

17. So ist es richtig.

Der Querbalken vorne wird mit Schraubzwingen fixiert, auf beiden Seiten in der gleichen Höhe. Wenn Sie nun den Dachtragebalken auflegen, muss der Säulenbalken verschwinden. Wenn er das tut, den Querbalken mit dem Säulenbalken gut verschrauben.

Siehe auch Punkt 18.

18. So ist es falsch.

Der Dachtragebalken verdeckt den aufrechten Säulenbalken nicht. Das herausstehende Dreieck würde die Dachplatte beim Auflegen behindern. Lösung: Der Querbalken muss etwas nach oben verschoben werden. Siehe auch Punkt 17. Wiederholen Sie das Ganze mit dem Querbalken an den hinteren, langen Säulenbalken.

19. Die Dachtragebalken werden gleichmäßig eingemessen und mit langen Schrauben wie im Bild befestigt (an beiden Querbalken), am besten wird vorgebohrt.
Sie können auch mit den beiden äußeren Balken beginnen und das Hilfsbrett aus Punkt 20 nutzen, um die mittleren Dachtragebalken gleichmäßiger aufzusetzen.

20. Ein (möglichst gerades) Hilfsbrett an den äußeren Dachtrage-Balken so anbringen, dass es nach oben leicht übersteht. Hier soll gleich das Dach angelehnt werden, so dass Sie es beim Schrauben nicht festhalten müssen.

21. Die Stegplatte einmitteln, so dass die seitlichen Überstände gleich groß sind.
Das Dach mit Spezialschrauben an die Dachtragebalken vorsichtig anschrauben. Nur so fest ziehen, dass das Gummi abdichtet, aber nicht so sehr, dass die Stegplatte Schaden nimmt.

22. So sollte Ihr Beet nun in etwa aussehen. Es ist stabil, und leider auch einigermaßen schwer. Tragen Sie es an den Aufstellort, beschäftigen Sie dafür im Zweifel ein paar kräftige Nachbarn.

23. Das Beet auf dem Fundament ausrichten. Die Schraublöcher markieren. Durch die Betonplatte in den Zementknubbel bohren und das Hochbeet mit den Winkeln und im Beton verdübelten Schrauben gut verankern.

24. Das gesamte Beet mit Noppenfolie auskleiden. Wenn Ihr Beet länger als 1,5 m ist, Querverstrebungen einbauen. Dazu einfach Gewindestangen von außen durchbohren und auf der Außenseite mit Muttern befestigen, so dass das Beet nicht ausbeulen kann. Überstehenden Gewindestab nach dem Verschrauben mit einer Metallsäge absägen.

25. Das Beet mit Substrat befüllen (wie auf Seite 24 beschrieben) und bepflanzen. Denken Sie ans Gießen, Ihre Tomaten werden nicht mehr beregnet. Beim Wachsen zusehen.

Für das nächste Jahr habe ich mir vorgenommen, kleine Regenrinnen anzubringen und das Regenwasser vom Tomatendach direkt in die Erde des Beets zu leiten. Vielleicht ist das ja auch ein Idee für Sie ...

Tomatenpflänzchen

... vom Gärtner Ihres Vertrauens sind absolut in Ordnung. Wenn Sie aber die Vielfalt dieser Früchte genießen wollen, dann säen Sie selbst an. Sorten gibt es in verschiedensten Rottönen, grün, lila, gestreift, kirschgroß oder riesig. Alte Sorten und neue Züchtungen bieten eine Bandbreite, die sicher auch für Ihr Hochbeet das Passende bietet. Ein Dach über dem Kopf haben sie ja jetzt.

Empfehlenswerte Sorten:
Die Buschtomate ***Glacier*** stammt aus Schweden, bildet mittelgroße süßliche Früchte und muss nicht ausgegeizt werden. Das spart Arbeit!
Die Cocktailtomate ***Tigerette Cherry*** ist eine gelbe Tomate mit hellen, gelb-grünen Blättern – ein echter Blickfang.
Die Fleischtomate ***Paprikaförmige*** bildet große Früchte, bleibt aber eher kompakt. Muss stabil angebunden werden und nur bei zu dichtem Wuchs ausgegeizt werden.

Regenfassbeet

Schneller als mit dem Regenfassbeet werden Sie nicht zu einem Hochbeet kommen. Es ist in kürzester Zeit aufgestellt und bietet dennoch all die Hochbeet-Vorteile. Wenn ich mich richtig erinnere, dann hat die hier benutzte Regentonne ein Volumen von etwa 350 Litern. Sie können aber im Grunde jedes Kunststoffgefäß benutzen, sogar einige der rechteckigen Regentonnen-Modelle aneinanderreihen und so ganze Hochbeet-Landschaften erschaffen.
Ich habe den grünen Kunststoff hochwertig mit Douglasienholz verkleidet, aber man kann die Tonne auch unverkleidet stehen lassen oder einfachere Materialien benutzen wie beispielsweise Schilf- oder Bambusmatten, die einfach drumherumgebunden, angeklebt oder angeschraubt werden.

Material:

- 1 Regentonne, ca. 350 Liter
- Hasendraht
- Wandkies als Drainageschicht
- Douglasienbretter kurz
- flexibles Metallband, verzinkt
- Packung Schrauben klein
- Bambusstöcke

Werkzeug:

- Akkubohrer mit Lochsägeaufsatz
- Wasserwaage
- lange Richtlatte
- Akkuschrauber
- Heißklebepistole

1. Den perfekten Platz für ein Regenfass-Beet zu finden ist wirklich leicht. Man stellt es einfach genau dort hin, wo man denkt, dass es passt. Korrekturen kosten keine Mühe.

2. Hochbeete sollten immer Erdkontakt haben. Außerdem soll das Wasser bei ihnen, im Gegensatz zu einer Regentonne, ablaufen können. Ich habe mich hier entschieden, viele kleine Löcher in die Umrandung zu sägen und nutze dafür einen Rundsäge-Aufsatz für die Bohrmaschine. Ebenso gut könnten Sie mit der Stichsäge arbeiten. Achten Sie nur darauf, dass die Stabilität erhalten bleibt.

3. Die Douglasienbretter, die Sie hier sehen, sind ein Überbleibsel eines anderen Projekts. Sie haben alle die gleiche Länge, so dass ich sie als Verkleidung nutzen werde. Die Tonne wird entsprechend tief eingegraben, so dass die Bretter den grünen Kunststoff später vollständig verdecken. In ihrer kleinen Versenkung wird die Regentonne mit der Wasserwaage ausgerichtet.

4. Über die Löcher in der Tonne lege ich einige Reste gedrehten Hasendraht, um das Einwandern von Wühlmäusen zu verhindern. Darüber fülle ich eine ein paar Zentimeter starke Drainageschicht aus Wandkies ein.

Im Grunde kann die Tonne nun bereits befüllt und bepflanzt werden.

5. Die Verkleidung wird gebaut. Hierzu werden die Bretter an einer geraden Linie ausgerichtet und auf Stoß aneinander gelegt.
Ihre Bretterreihe ist so lang wie der obere Umfang der Regentonne.

6. Die Markierungen für das Metallband werden angezeichnet. Alle im genau gleichen Abstand. Arbeiten Sie hierbei besonders genau, sonst wird das Band nachher krumm und die Verkleidung schief und schräg.
Markieren Sie für zwei Bänder, einmal oben, einmal unten.

7. Die Metallbänder werden aufgeschraubt. Das klingt zwar leicht, aber Sie müssen darauf achten, dass die Bretter auch beim Anschrauben fest aneinander liegen. Das geht zu Zweit besser.

8. Das Metallband lassen Sie an beiden Enden einige Zentimeter überstehen.

9. Die Holzverkleidung wird aufgestellt und zum Kreis gebogen, aber noch nicht miteinander verschraubt. Wenn Sie sauber gearbeitet haben, haben Sie nur minimale Spalten.

10. Stellen Sie Ihre Verkleidung um die Tonne. Wahrscheinlich ist sie etwas zu groß, dann nehmen Sie eventuell überschüssige Bretter wieder heraus.

11. Entfernen Sie die Verkleidung wieder von der Tonne, damit Sie die Enden miteinander verbinden können. Schrauben Sie das überstehende Metallband von Innen an, nachdem Sie die Verkleidung wieder zum Kreis aufgestellt haben. Dann heben Sie die Verkleidung über die Tonne und korrigieren den „Sitz" mit einigen untergelegten Steinen.

12. Einige Bambusstöckchen werden mit der Heißklebepistole eingeklebt und dienen hier dazu, Spannung aufzubauen. So passt sich die Verkleidung besser an das Rund der Tonne an.

Dieses Hochbeet habe ich meiner Frau überlassen. Es ging nicht lange, da war es eine farbenprächtige Mischung aus allerlei Blumen, Hängetomaten und irgendwelchen fiesen, scharfen, orangen Paprika. Wenigstens passte alles zu den prächtigen Dahlien in der Mitte. Ein Beweis dafür, dass so ein Hochbeet auch ein Mischbeet sein kann, sowohl nützlich, als auch schön.

Rollbeet

Dieses Beet ist etwas Besonderes. Im Gegensatz zu den anderen Hochbeeten hat es keinen Bodenkontakt, sondern es steht auf Rollen. Das hat zwei Gründe: Zum einen wollte ich meiner Frau ein Beet schaffen, in dem ihre geliebten Dahlien zu einhundert Prozent sicher vor Schnecken sind, zum anderen können eben diese Dahlien in diesem Beet schon vor den Eisheiligen nach draussen ins Freie und bekommen so einen riesigen Wachstumsvorsprung. Kündigt sich später Frost an, so wird das Rollbeet einfach in die Garage geschoben und die zarten Pflänzchen sind dort sicher. Am nächsten Morgen geht es dann wieder ins Freie.
Später im Jahr, wenn die Dahlien an ihren üblichen Plätzen prunken, nutze ich das Beet für Pflücksalate.

Das Rollbeet wird nur mit der obersten Substratschicht gefüllt, ein Aufbau in Schichten ist nicht notwendig.

Material:

- eine Siebdruckplatte als Beet-unterseite
- 4 Schwerlastrollen mit den entsprechenden Schrauben und Muttern (2 mit Bremse und beweglich, 2 fest)
- Balken aus recyletem imprägniertem Holz
- Packung lange Schrauben
- Teichfolie
- Dachpappen-Nägel
- Gewebe-Klebeband
- kleiner Blumentopf, passend zum Lochsäge-Aufsatz Ihrer Bohrmaschine
- ein altes Brett für den Abschluss
- Packung kurze Schrauben

Werkzeug:

- Säge (Kreis- oder Kappsäge)
- Akku-Bohrer
- Akku-Schrauber
- Bohrer mit Lochsägeaufsatz
- Hammer

1. Das Material wird bereitgelegt. Achten Sie auf runde Köpfe bei den Schrauben, diese dürfen die Teichfolie später nicht beschädigen.

2. Die Rollen werden so eingepasst, dass ihre Verschraubung später die Seitenwände nicht stört. Die Rollenbremse sollte dabei im besten Fall von außen sichtbar und erreichbar sein. Markieren Sie die Bohrlöcher, bohren Sie und befestigen Sie die Rollen. Die Räder der feststehenden Rollen müssen an einer Seite zueinander parallel angeordnet sein, damit das Beet später beweglich bleibt.

3. Wenden Sie die Platte (die Rollen sind nun unten). Fixieren Sie die erste Lage Balken mit Schraubzwingen auf der Platte, drehen Sie sie wieder um und schrauben Sie von der Rollenseite aus die Balken an (vorbohren!). Nach der ersten Lage können Sie wie gewohnt von oben arbeiten. Verschrauben Sie alle Lagen.
Sägen Sie mittig mit dem Lochsäge-Aufsatz ein Loch in die Platte.

4. Putzen Sie das Innere des Beets gut durch, so dass die Teichfolie ungefährdet eingebracht werden kann. Nutzen Sie gerade Steinplatten, um das Innere gut mit der Teichfolie zu verkleiden, und nageln Sie diese oben am Beetrand fest.

5. Falten fixieren Sie mit Gewebe-Klebeband.

6. Schneiden Sie vorsichtig das Loch in der Mitte der Platte aus und legen sie die überschüssige Folie durch das Loch. Fixieren Sie sie auf der Unterseite mit dem Gewebe-Klebeband.

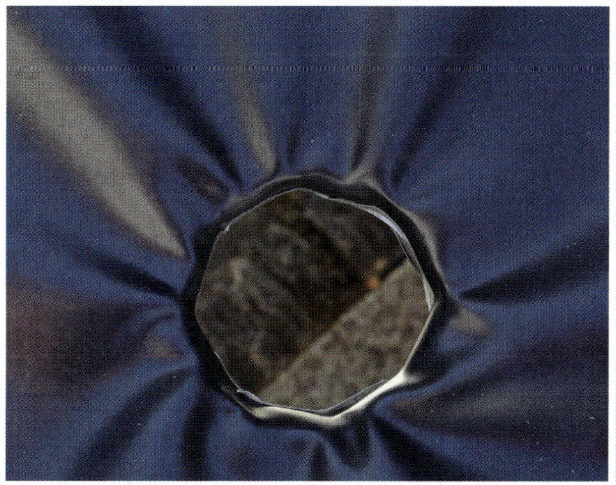

7. Passen Sie einen kleinen Blumentopf möglichst genau mit ein wenig Spannung in das Loch ein, füllen Sie ihn mit einigen Kieseln und fertig ist Ihr Wasserabfluss.

8. Fürs bessere Aussehen gibt es oben auf den Rand eine Abdeckung aus angepassten Brettern.

9. Befüllen und bepflanzen.

Drachenbeet

Für das Drachenbeet benutzte ich einen alten Betonring, der beim Aushub für den Keller auf einem Nachbargrundstück plötzlich auftauchte. Ein paar freundliche Worte mit dem Baggerfahrer und ein paar Tassen Kaffee später war der Aushub für ein Kiesfundament erledigt und der Betonring stand fertig auf seinem Platz. Man muss die Gunst der Stunde zu nutzen wissen ...

Zugegeben, ein Bagger gehört nicht unbedingt zu den Standard-Tools in Ihrem Werkzeugkasten, aber nehmen Sie dieses Beet als Beispiel dafür, was man mit Beton alles anstellen kann und wie man damit arbeitet. Wenn Sie am Ring Gefallen finden: Der nächste Baustoffhändler wird Ihnen einen solchen gerne mit seinem Kran-Lieferwagen punktgenau in den Garten setzen. Aber natürlich gibt es auch sehr viele kleinere Betonteile, die aneinandergesetzt ein ebenso originelles Betonhochbeet ergeben.

Dieses Hochbeet ist leicht erhaben im Garten platziert, so kommt der zum Baum gezogene Wacholder als Solitär besser zur Geltung.

Material:

- Wandkies fürs Fundament
- ein alter Betonring, Außendurchmesser ca. 1,20 m
- Flex-Fliesenkleber
- Fugenmasse
- viele, viele bunte Fliesen aus Restbeständen
- verschiedenfarbige Kreide
- kleine Dose wetterfester Acryl-Lack

Werkzeug:

- Wasserwaage / Richtlatte
- Stampfer / Rüttelplatte
- kleiner Pinsel
- Einweg-Latex-Handschuhe
- Hammer
- Eimer zum Anmischen
- normaler, kleiner Spachtel
- Zahnspachtel
- Abziehgummi
- Fliesenschwamm

1. Wohl dem, der einen Baggerfahrer kennt. So ist der Aushub für ein Kiesfundament in wenigen Minuten erledigt. Der Platz für das Beet wurde nahe genug an der Straße gewählt, so dass der Bagger von außen arbeiten konnte und der Rest des Gartens nicht in Mitleidenschaft gezogen wurde.

2. Natürlich kann die gleiche Arbeit auch mit Spaten und Schaufel erledigt werden. Man sollte jedoch geringfügig mehr Zeit einplanen.

Das Fundament muss nicht frostsicher sein, es genügt eine Tiefe, die das Beet darauf sicher gerade stehen lässt und am Absinken hindert, also etwa 30 bis 50 cm.

3. Wandkies wurde angeliefert und einfach so lala in das Fundamentloch geschüttet.

4. Die Oberfläche wird vor dem Verdichten mit einer Richtlatte begradigt. Wahrscheinlich wiederholen Sie diesen Schritt 2 bis 3 Mal während des Stampfens (Punkt 5), und einmal danach, so dass Sie zum Setzen des Betonrings einen möglichst ebenen Grund haben.

5. Der Untergrund wird verdichtet, dabei hilft ein Stampfer. Man kann dieses Werkzeug (oder eine Rüttelplatte, das geht auch) in den meisten Baumärkten für wenig Geld ausleihen.

6. Der alte Ring wurde mit dem Bagger auf das Fundament gehoben und nach ein paar kleinen Korrekturen mit der Baggerschaufel stand er plan.

7. Beton ist ein tolles Material für Hochbeete. Bereits jetzt erfüllt der Ring seine Funktion. Er muss nur noch befüllt werden.

Sofern Sie jedoch nicht auf alten, leicht verwitterten Sichtbeton stehen, gibt es auf dieser Seite einige Anregungen, was Sie damit tun können. Und ab Punkt 13 legen wir noch einen drauf!

8. Einige übrig gebliebene Steinplatten in gerader Form können mit Flexkleber befestigt werden. Achten Sie darauf, keine zu großen Hohlräume zwischen Beton und Platten entstehen zu lassen, sonst könnte Frost Ihr Werk in Mitleidenschaft ziehen.
Wenn bei Ihnen keine Platten übrig sind, versuchen Sie es mit Terrassenplatten in Ihren Maßen.

9. Polygonalplatten werden wie in Punkt 8 beschrieben angeklebt, es ist wegen der unregelmäßigen Form nur etwas schwieriger. Dafür wird man mit einem rustikaleren, natürlicheren Beet belohnt. Wenn man es mag.

10. Sie könnten einfach einige große Steine an der Betonwand aufschichten und die Zwischenräume bepflanzen. So hätten Sie einen wunderbaren Steingarten rund um Ihr Beet.

11. Steine auf einem Netz verklebt gibt es im Fliesenfachhandel oder im Baumarkt. Sie sind nicht ganz billig, aber man kann damit auch Kanten verkleiden. So ist sogar die etwas angeschlagene obere Betonkante des Recycling-Rings schnell versteckt. Verarbeitet werden sie wie in Punkt 16 und 18 beschrieben.

12. Die einfachste Variante ist wohl ein wenig Farbe. Dafür muss der Betonring gut geschrubbt und mit einer Grundierung versehen werden. Dann halten die Farben besser. Besonders gut kommen solche Beete bei Kindern an, die sie selbst bemalen dürfen. Benutzen Sie Acrylfarben auf Wasserbasis für den Außeneinsatz.

13. Oder aber Sie nehmen sich den großen Antoni Gaudí zum Vorbild und arbeiten mit Fliesenscherben.

Dazu leihen Sie sich von den Nachbarskindern Straßenmalkreide, am besten in verschiedenen Farben, und arbeiten so lange an Ihrem Entwurf, bis Sie zufrieden sind.

14. Kreide hat den Vorteil, dass man einfach mit einem nassen Lappen darüber wischen kann, um sich zu korrigieren. Denn es sieht leichter aus, als es ist. Die Rundung des Beetes macht es schwer, die Linien harmonisch vom Papier auf den Ring zu übertragen.

15. Wenn Sie mit dem Entwurf zufrieden sind, ziehen Sie mit Acryllack und Pinsel die Konturen nach. Denn der nächste Regen kommt wahrscheinlich, bevor Sie mit dem Mosaik fertig sind.

Jetzt beginnen Sie mit einem Hammer, die Fliesen in handliche Scherben zu zerschlagen. Dazu Handschuhe und eine Schutzbrille tragen.

16. Rühren Sie Flexkleber nach Packungsangabe an. Ich habe die besten Erfahrungen damit gemacht, kleine Mengen anzurühren, mit dem kleinen Spachtel direkt auf die Scherbe aufzubringen und die Scherbe dann mit Druck anzukleben. Sie können aber auch wie beim Fliesenlegen vorgehen: eine größere Fläche mit dem Zahnspachtel vorbereiten und die Scherben direkt aufkleben.

17. Das fertige Mosaik mit eingesetzten Spiegelscherben. Wichtig ist, dass überschüssiger Kleber aus den Zwischenräumen entfernt wird, solange er noch zäh und nicht fest ist. Ebenso sollten nach kurzer Anziehzeit mit einem feuchten Lappen unschöne Kleberreste oder Schlieren von der Fliesenoberfläche geputzt werden.

Mindestens einen Tag trocknen lassen.

18. Nur noch verfugt, und fertig ist das Meisterwerk: Fugenmasse anrühren, mit einem Gummispachtel in die Fugen einbringen, nach kurzer Anziehzeit mit einem Fugenschwamm säubern. Ein wenig Übung macht den Meister.

Tragen Sie bitte während der Arbeiten von Punkt 16 bis 18 Latexhandschuhe, denn Kleber und Fugenmasse sind nicht für ihre Hautfreundlichkeit bekannt.

Felsenbeet

In einem naturnahen Garten wirkt ein Hochbeet aus gebrochenen Steinen besonders gut, sieht es doch aus der Ferne aus wie ein großer, bewachsener Felsbrocken. Es ist nicht ganz einfach zu bauen, aber mit ein paar Tricks durchaus machbar.

Das Felsenbeet wurde nah am Haus gebaut und kommt auf mehrenen Ebenen daher. Es schmückt nicht nur, es ist auch praktisch, denn die höchste Hochbeetmauer dient dem Sitzplatz auf der anderen Seite als Windschutz. Die von der Sonne angestrahlten Steine liefern an Sommerabenden noch lange in die Dämmerung hinein angenehme Wärme.

Die verwendeten Steine sind Alpenkalk, ein erschwingliches und sehr schmückendes Material. Das Felsenbeet ist durch die Trockenzeiten des Betons ein Projekt, das etwas Zeit braucht. Am besten arbeitet man alle 2 bis 3 Tage nach Feierabend für eine Stunde daran.

Material:

- Wandkies
- Alpenkalk-Bruchsteine
- einige Säcke fertig gemischter Zementmörtel für den Außenbereich
- Dübel
- lange Schrauben
- etwas Draht

Werkzeug:

- Misch-Eimer
- Maurerkelle
- Spachtel
- wasserfeste Handschuhe
- Schlagbohrmaschine mit Steinaufsatz
- Akku-Schrauber

1. Der Platz für das Hochbeet ist direkt am Haus gewählt, es soll gleichzeitig Windschutz sein. Ein kleines Fundament wurde nur unter den höheren Beetmauern benötigt (etwa 50 cm tief, verdichteter Wandkies, siehe Projekt Drachenbeet). Die Fläche im Vordergrund wird die unterste Ebene, es wird direkt auf den sehr festen Boden aufgebaut.

2. Auf diesem Bild kann man schön das Vorgehen erkennen: Es wird immer eine Schicht Steine aufgebaut und mit Beton fixiert. Das Ganze lässt man trocknen und baut darauf erst weiter, wenn der Beton wirklich fest ist, was mindestens 1 bis 2 Tage dauert.

3. Die wichtigste Regel: Die Steine werden so aufgebaut, dass sie ohne Beton schon gut aufeinander stehen, ohne zu wackeln.
Dann wird der Beton sehr dick angerührt und mit den in wasserdichten Handschuhen steckenden Händen in die Zwischenräume zwischen den Steinen verpresst.
Achten Sie dabei unbedingt auf Ihre Finger!

4. Der Trick besteht darin, bei größeren Hohlräumen mit „Ankern" zu arbeiten, die die Stabilität der Wand später deutlich erhöhen.

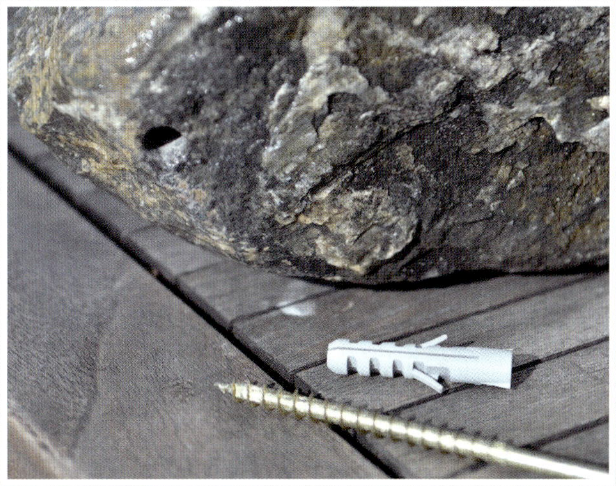

5. Dazu werden Schrauben an der richtigen Stelle des Steines verdübelt.

6. Wenn der Stein dann auf dem Hohlraum sitzt und dieser mit Beton verpresst wird, ragt die Schraube weit in den Beton hinein, eben wie ein Anker. Noch mehr Festigkeit erreichen Sie, wenn Sie eine zweite Schraube in einem der anderen Steine verdübeln und die beiden Schrauben mit einem Draht miteinander fest verzurren. Mit Beton verpresst, hält diese Konstruktion bombenfest.

7. Die Steine der untersten Eben werden ausgelegt und auf den Boden aufgemauert. Der spätere Beetboden wird aufgelockert.

8. Eine weitere Zwischenebene wird eingezogen, die Steine werden miteinander vermauert.

9. Befüllt und bepflanzt. Sogar der kleine Pfirsichbaum (im Bild auf der rechten Seite) fühlt sich nun wohl.

Hochbeet-Park

Die Beete rechts oben sind gerade einmal ein auf ein Meter groß und 20 cm hoch. Dafür gibt es viele davon, die parallel angeordnet sind und so dem Garteneck, das sie füllen, eine eigentlich strenge Struktur geben. Durch die wilde Bepflanzung und die geflochtene Einfassung aus Weidenruten wird dieser Eindruch aber relativiert, so dass der Gesamtcharakter wildromantisch wirkt.

Grundstücks-Grenzbeet

Das aus großen, behauenen Sandstein-Blöcken gebaute Beet bildet eine Grundstücksgrenze. Es ist der beste Beweis dafür, dass Mau-
ern nicht klobig und ausladend wirken müssen, sondern trotz ihrer
Massivität spielerisch und leicht sein können. Während die Mauer-
steine für den Laien noch zu bewältigen sein mögen, ist spätestens bei der Begrenzung links Schluss mit Muskelkraft.

Kräuterbeet

Das Kräuterbeet auf diesem Bild wird von großen Felsen umrahmt. Im Vordergrund liegt ein Krusten-Stück „Raurisser Marmor", das über eine Tonne wiegt. Es wurde mit schwerem Gerät platziert. Krusten-Stücke sind Reste aus dem Steinbruch, die nicht mehr zu Platten gesägt werden konnten. Mit ein wenig Glück bekommt man für diese Stücke beim Steinhändler günstige Preise.

Bauerngarten

Im Grunde wurde hier eine Trockenmauer aus Gneiss angelegt, die 4 Hochbeete umfasst, die um einen zentralen Mittelpunkt, das Regenfass, angeordnet sind. Auch wenn die stolze Gärtnerin das Eck als ihren Bauerngarten bezeichnet, finde ich ja, er würde auch einem Schlösschen gut stehen.

Nutzgarten-Eck

Hier sehen Sie die zwei Hochbeete aus unbehandeltem Nadelholz, die ich im Holz-Kapitel schon erwähnte. Sie sind groß, etwa 2,40 m lang und 1,30 m breit. Auf dem Bild sind sie noch jung, das hier ist die erste Saison. Mittlerweile sehen sie leider nicht mehr ganz so gut aus. Ich hätte hochwertigeres Material nehmen sollen. Doch solange Sie aus meinen Fehlern lernen, soll es mir recht sein.

Bank im Beet

Ein Platz für Sonnenanbeter. An einem kleinen, aber steilen Hang wurde terrassiert und mehrere Stufen von Beeten eingezogen, die von Steinmauern aus weißem Raurisser Marmor gestützt werden. Zentrum des Beets und Blickfang für jeden Besucher ist die gemauerte Bank, die gerade abends in der Dämmerung von unten wärmt und der richtige Platz für einen Schlummertrunk ist.

Impressum

ISBN 978-3-8094-3629-4

1. Auflage

Der Verlag weist ausdrücklich darauf hin, dass im Text enthaltene externe Links vom Verlag nur bis zum Zeitpunkt der Buchveröffentlichung eingesehen werden konnten. Auf spätere Veränderungen hat der Verlag keinerlei Einfluss. Eine Haftung des Verlags für externe Links ist stets ausgeschlossen.

Umschlaggestaltung: Atelier Versen, Bad Aibling
Projektleitung: Herta Winkler
Konzeption, Text und Producing: Sascha Storz
Bildnachweis: © Alle Fotos S. Storz, Althegnenberg, außer das gerissene Blatt Papier, das als Hintergrund dient: © istock, Kyu Oh

Die Informationen in diesem Buch sind von Autor und Verlag sorgfältig geprüft, dennoch kann eine Garantie nicht übernommen werden. Eine Haftung des Autors bzw. des Verlags und seiner Beauftragten für Personen-, Sach- und Vermögensschäden ist ausgeschlossen.

Druck & Bindung: Druckerei Theiss, St. Stefan im Lavanttal
Printed in Austria

FSC www.fsc.org
MIX
Papier aus verantwortungsvollen Quellen
FSC® C012536

Verlagsgruppe Random House FSC®N001967

674/133140115